RÉFLEXIONS

SUR LE DISCOURS PRONONCÉ

PAR

M. LE GÉNÉRAL DONNADIEU,

DANS LA SÉANCE DU 8 JANVIER 1821 ;

PAR M. LE COMTE O'MAHONY.

Article qui devoit être inséré dans la 43e livraison du *Défenseur*, et qui a été *supprimé en entier* par la CENSURE MINISTÉRIELLE.

PARIS,

A LA LIBRAIRIE GRECQUE-LATINE-ALLEMANDE,

RUE DE SEINE, N° 12.

M. DCCC. XXI.

AVERTISSEMENT.

Le sentiment des rédacteurs du *Défenseur* touchant
la censure est connu; ils l'ont soutenue, défendue, et
certes contre leur propre intérêt, parce que *en elle-
même* la censure est une institution bonne et sage,
nécessaire à la monarchie, naturelle à la société :
mais on connoît aussi leur opinion sur les censeurs
actuels. M. l'abbé de la Mennais l'a proclamée sans dé-
guisement, et ce grand écrivain, en se chargeant de
tracer leur portrait, les a condamnés à vivre en effi-
gie : il les traîne à sa suite à l'immortalité (1).

L'auteur de l'article que ces messieurs ont supprimé et que nous donnons ici au public, n'a pas la
prétention de les mener si loin. Il se borne à aider
leurs contemporains à les connoître, et il saisit pour
le faire une occasion singulièrement heureuse qu'ils
ont bien voulu lui fournir avec une candeur d'imprudence dont il ne sauroit trop les remercier.

Le morceau suivant, qui devroit être la *Lettre sur
Paris* dans la quarante-troisième livraison du *Défenseur*, a été supprimé *en totalité*. Or, il n'y est traité
que d'un *seul* sujet, du discours de M. le général
Donnadieu à la chambre des députés, c'est-à-dire, de
l'opinion d'un homme public prononcée publique-
ment à la tribune, et rendue plus publique encore par
son insertion dans tous les journaux du lendemain.
Dans l'examen de ce discours, il n'y a aucune digres-
sion étrangère; l'auteur s'y renferme dans des consi-
dérations générales; il expose avec une égale franchise
deux manières de voir différentes qu'il se borne à ex-
pliquer, poussant même la réserve jusqu'à ne pas
conclure entre elles; enfin, il soumet au public des
réflexions sur les choses, aucune sur les individus,
de sorte que personne n'y est même nommé, excepté
M. le général Donnadieu.

---

(1) Voyez *Quelques Réflexions sur la Censure;* par
M. l'abbé de La Mennais.

Le rejet d'un article aussi modéré, aussi **prudent,** démontre donc avec évidence l'une de ces deux choses: ou que la censure, soi-disant demandée et accordée dans l'intérêt du trône et de l'autel, des mœurs publiques et privées, n'est employée qu'à empêcher qu'on discute, *et surtout qu'on approuve* un discours fait dans l'intérêt du roi et de la France, mais qui a déplu au ministère; ou bien qu'elle n'est qu'un instrument de persécution employé par une haine puissante contre M. le général Donnadieu. Dans le premier cas, le rôle de censeur est un peu servile; dans le second, il est quelque chose de pis que nous ne dirons pas, faute de trouver un terme poli.

Nous-mêmes, et quoique des expériences précédentes eussent déjà dû nous éclairer, nous avons eu peine à adopter l'une de ces deux conclusions, et nous n'avons d'abord attribué qu'à la mauvaise humeur d'un censeur le rejet *entier* d'un article, que, sans doute, il étoit en droit d'adoucir ou d'abréger, mais qu'il ne pouvoit *supprimer* en totalité *sans un abus de pouvoir* manifeste, à moins de prouver (ce dont nous le défions) que TOUT, dans l'article, ABSOLUMENT TOUT, est répréhensible et dangereux. En conséquence de cette charitable supposition, nous l'avons donc renvoyé le même jour à la commission de censure avec demande d'un nouvel examen. Pour toute satisfaction la commission nous a fait l'honneur de nous répondre, « *que la censure du soir ne se* » *faisait pas dans un esprit différent de celle du* » *matin.* » Cela est fier, mais cela n'est pas beau; et véritablement nous en avons été bien fâchés pour la censure du soir, et par conséquent pour *tous* messieurs les censeurs, parce que cela ne nous permet plus d'établir de distinction entre eux, et qu'il nous faut en conclure que *tous* épousent avec un zèle égal les petits ressentimens de nos grands hommes d'état, ou qu'ils ont *tous,* sans exception, une haine *personnelle* bien violente contre M. le général Donnadieu, ce qui seroit, au fait, assez extraordinaire. Car M. le général Donnadieu, qui n'écrit pas, n'a jamais eu occasion de se moquer de MM. les censeurs, d'analyser leur lourde prose et leurs vers musqués, de critiquer leurs tragédies tombées et leurs comédies sifflées, enfin de douter de la haute capacité de ces publicistes de vaudevilles et de ces politiques d'athénées à comprendre et surtout à *juger* les plus grands politiques et les plus profonds publicistes de la France et de l'Europe.

Mais non, messieurs les censeurs *du soir*, non plus que messieurs les censeurs *du matin*, n'en veulent pas personnellement à M. le général Donnadieu. Défenseur heureux de la monarchie à Grenoble, et lorsque le roi, toujours d'autant plus juste et plus grand qu'il ne prend conseil que de son cœur, récompensoit son zèle par d'honorables faveurs, M. Donnadieu auroit trouvé la censure disposée à laisser la France entière applaudir hautement à la fidélité du sujet comme à la reconnoissance du monarque; et même il se pourroit que tel censeur qui empêche aujourd'hui qu'on ne le loue, eût composé et publié à cette époque des vers ou de la prose à sa louange : il étoit en crédit. Mais la chance a tourné; le voilà tombé dans la disgrâce des ministres. Or,

Dès qu'on leur est suspect, on n'est plus innocent ;

par cela même, son nom ne doit plus être prononcé; c'est un nom séditieux ; et toute épithète honorable dont on l'accompagneroit seroit une personnalité..... contre leurs excellences. Voilà, n'en doutons pas, le secret de ces rigueurs *du soir* soutenant noblement les rigueurs *du matin*, et la source véritable de cette inflexibilité de tous les momens.

Quoi qu'il en soit, et laissant de côté messieurs les censeurs, leur unité et leur indivisibilité, saisissons une observation importante qui se présente ici, et un rapprochement singulier qui pourra déplaire à quelques personnes, mais qui pourra en éclairer quelques autres;

C'est que ce qui se fait présentement à l'occasion du sauveur de Grenoble, disgracié et malheureux, est précisément ce qu'on a fait à l'égard du défenseur de Lyon, persécuté et jeté dans un cachot, d'où il est sorti absous, mais non consolé. Qu'on se rappelle, en effet, que, tandis que M. le général Canuel, personnage forcé du stupide roman du *bord de l'eau*, languissoit au secret, sa défense dans les feuilles censurées, ou pour mieux dire sa justification étoit interdite à ses amis et à ceux de la justice, et cela alors que le ministre de la justice et ses amis faisoient insérer *d'autorité* dans les journaux et crier dans les rues les plus détestables calomnies contre cet officier et ses complices d'innocence. Or, lorsque la censure d'aujourd'hui, *qui ne fait qu'obéir*, se conduit exactement comme la censure d'alors, *qui aussi obéissoit*, on peut, ce nous semble, en conclure que les ordres intimés et exécutés, l'impulsion donnée et reçue sont les mêmes, c'est-à-dire, que le ministère d'alors revit dans celui d'aujourd'hui. Cette découverte que tout le monde n'a peut-être pas encore faite, pourra devenir de quelque utilité, surtout au moment où les ministres se disposent à demander la prolongation, et même, dit-on, *une extension* de la censure; et MM. les députés, qui ne peuvent connoître comme nous les mystères d'exécution de cette loi, profiteront de cette révélation, en même temps que le public, en remontant de la censure au ministère, et retournant le vieux proverbe *tel maître tel valet*, pourra dire *tel valet tel maître*.

C'est pour obtenir ce résultat que nous publions les réflexions suivantes, qui par elles-mêmes n'ont pas plus d'intérêt que tout autre article de journal, mais auxquelles la circonstance et MM. de la censure donnent un prix qu'elles n'avoient pas. Pour la même raison, et quoique redevenu libre d'exprimer sa pensée tout entière, il eût été possible à l'auteur de l'article supprimé de le rendre, par quelques développemens, plus digne de l'attention du lecteur. Nous l'imprimons tel exactement qu'il a été rejeté, notre but étant moins de lui donner de la publicité que de mettre en lumière le système de censure qu'on suit envers les écrivains monarchiques : ce morceau aura du moins ce mérite. Nous osons lui en trouver un autre qui frappera sans doute MM. les censeurs, c'est de nous avoir fourni l'occasion d'écrire cet *avertissement*.

RÉFLEXIONS

SUR LE DISCOURS PRONONCÉ

PAR

M. LE GÉNÉRAL DONNADIEU.

———

En rendant compte d'un discours qui a produit des sensations très-différentes dans la chambre des députés et dans le public, l'auteur de la dernière *Lettre sur Paris* a remarqué avec beaucoup de raison combien il étoit affligeant de voir les royalistes, *unis par des affections communes, par les mêmes intentions et les mêmes désirs, marcher dans des directions diverses, quoique pour arriver au même but.* Or, combien donc seroit-il plus affligeant que des royalistes, unis plus étroitement encore par une sorte de fraternité de collaboration au même journal, eussent une manière de voir opposée sur des points importans, surtout si toujours le recueil dépositaire de leurs pensées, de leurs opinions, s'étoit distingué entre tous les autres par une conformité de jugemens, une unité de doctrines, son premier titre à l'estime publique, comme aussi la cause principale de l'influence toujours croissante qu'il exerce en France, et nous osons dire en Europe. Quel triomphe pour les méchans, que cette division entre les bons! Avec quelle avidité le jacobinisme saisiroit cette espérance de la prochaine dispersion des défenseurs de la monarchie! quels hurlemens de joie le monstre feroit retentir de Paris à Londres et de Naples à Madrid!.. (1) C'est un plaisir que nous ne donnerons pas à MM. les radicaux, carbonari, liberalès et libéraux, bien qu'ils s'en soient déjà flattés. Car nous avons trouvé dans un livre que nous lisons plus souvent qu'eux, ou du moins avec plus de fruit, que *tout empire divisé périra;* et nous voulons vivre, ne leur en déplaise, et vivre unis pour être forts, et forts pour les écraser d'abord, et les mépriser ensuite.

Toutefois, deux écrivains ne peuvent-ils, sans juger une chose *contradictoirement,* la juger *diversement,* c'est-à-dire la considérer, non avec d'autres yeux, mais d'un autre point de vue? Comme toute médaille a son revers, les objets n'ont-ils pas aussi plusieurs faces, et ces faces ne se sont-elles pas prodigieusement multipliées depuis que la politique s'est compliquée de tous les perfectionnemens que le siècle des lumières a cru devoir y ajouter pour le bonheur des peuples et des rois? depuis, par exemple, qu'au lieu d'un pouvoir unique, la société en compte trois qu'il s'agit de balancer, et qu'au lieu d'un seul culte, elle en salarie une demi-douzaine qu'il s'agit d'accorder;

---

(1) C'est pourtant un plaisir qu'a voulu se donner *le dernier* des journaux libéraux, en relevant une prétendue contradiction dans *le Défenseur.* Certes ce n'est pas pour le réfuter que nous en faisons la remarque (descendre aussi bas seroit plus que de l'humilité), mais seulement pour prouver, par les efforts des révolutionnaires pour nous prendre en faute, quel prix ils attacheroient à pouvoir nous opposer à nous-mêmes, et combien ils redoutent la force de l'unité et la constance inviolable des principes... *quand même.*

depuis que tous les hommes égaux en droits, mais inégaux de conditions, veulent être tout ce qu'ils peuvent, et ne sont jamais tout ce qu'ils veulent, et que dans ce soulèvement général de tous ses intérêts particuliers, la royauté appelle sans cesse l'aristocratie à la défendre contre la démocratie, laquelle crie sans cesse à la tyrannie, et de temps en temps à l'oligarchie; depuis enfin que le ministère qui est le gouvernement, et l'administration qui n'est pas le ministère, ont tour à tour et si souvent opposé la lettre de la charte à son esprit, et ce qu'elle suppose à ce qu'elle dit, les lois aux ordonnances et l'arbitraire aux lois, les exceptions à la règle et la nécessité à la justice, qu'il n'est pas facile de distinguer clairement ce qui est décidé de ce qui est encore en question, ce qui est provisoire de ce qui est fondamental, ce qui est facultatif de ce qui est obligatoire.

Je le répète : jouets de tant d'incertitudes, il est bien malaisé, je ne dis pas à tous les hommes d'un parti, mais même à deux hommes de la même opinion, de juger d'abord d'une manière uniforme certains événemens inattendus qui, par leur importance autant que par leur singularité, excitent partout un vif intérêt, auquel se mêlent un peu d'étonnement et beaucoup d'inquiétude.

Le discours de M. le général Donnadieu peut être mis au nombre de ces événemens; et si les réflexions qu'il m'inspire ne sont pas semblables au jugement qu'un de mes collaborateurs en a porté avant moi, certes ce n'est pas que ma façon de penser soit *opposée* et *contraire* à la sienne, mais seulement qu'il a considéré sous un rapport la question que j'examine sous un autre. M. de T. B✶✶✶ (1) lui-même n'a-

---

(1) Voyez la quarante et unième livraison du *Défenseur.*

t-il pas dit que les royalistes ont été partagés sur ce discours? Or, dans sa dernière *lettre*, il n'a développé que l'avis des uns; à mon tour, je vais essayer d'exposer l'avis des autres, et le public éclairé de deux côtés, jugera avec plus de certitude, non entre nous qui ne sommes que rapporteurs, mais entre les deux opinions royalistes que nous rapportons. Il me semble que cette impartialité est bien la moindre chose que les écrivains, *défenseurs* des principes, des actions et des paroles monarchiques, doivent à un brave et fidèle défenseur de la monarchie, qui, malgré l'étrange salaire qu'a reçu son zèle, combat encore, comme député, pour la noble cause qu'il a fait triompher comme général.

Assurément, on ne peut nier que le discours contre la demande des *six douzièmes* (ou pour mieux dire, contre l'ancien ministère à l'occasion des *six douzièmes* demandés), n'ait été désapprouvé par plusieurs députes du côté droit. Cependant, on est tombé, je crois, dans une grande erreur arithmétique, en voulant calculer le nombre des désapprobateurs *du discours* d'après le résultat du scrutin sur *la loi*. Car comme en définitive ce n'est pas sur ce discours qu'on a voté, mais sur la demande d'un crédit provisoire, il peut très-bien se faire que tel député, qui étoit d'avis d'accorder les *six douzièmes* que l'orateur vouloit qu'on refusât au ministère, fût *du reste*, sur le compte du ministère, tout-à-fait de l'avis de l'orateur.

C'est pourtant cette fausse interprétation qui a un moment égaré le jugement des royalistes. Les opinions dans l'intérieur de la chambre ayant toujours une certaine influence sur les opinions extérieures correspondantes, et cette influence s'exerçant principalement sur le nombre assez grand des honnêtes gens, qui, timides et modestes, attendent pour avoir un avis qu'on leur en ait donné un, il en est résulté que cette immense majorité qui a voté dans le sens opposé à M. le général Donnadieu a fait croire à beaucoup de personnes que son discours avoit été repoussé tout comme son vote, et que ses raisonnemens et ses opinions étoient aux opinions et aux raisonnemens de l'assemblée entière comme 65 est à 268 (1). Alors, et ne voyant toujours que le résultat *financier* de la discussion, on a accusé l'orateur d'imprudence; on a crié au danger d'exciter les passions, de réveiller les haines assoupies, de rompre des nœuds à peine formés, en un mot, de disloquer cette belle machine, nommée *majorité*, si difficile à construire, si délicate à manier, si dispendieuse à entretenir. Il faut l'avouer : dans le premier moment d'effroi et de consternation que les paroles franches et quelquefois un peu âpres de l'orateur inspirèrent aux modérés de *l'intérieur* et de *l'extérieur* de la chambre, on s'imagina que tout étoit perdu, parce que quelques vérités avoient été dites sur des hommes qui ne sont plus en pouvoir, et à des hommes qui y sont encore ; que la guerre civile alloit s'allumer de ville en ville, à l'arrivée des journaux propagateurs de ces dures vérités ; et véritablement, il a fallu plusieurs jours et le retour des courriers des départemens pour persuader aux timorés que puisque le feu n'étoit pas encore aux quatre coins de la France, le général Donnadieu, nouvellement déchargé du titre d'assassin, n'avoit pas encore mérité celui d'incendiaire.

Au reste, il est, je crois, une autre cause de la dissidence des jugemens; et pour la trouver, il suffira de remonter un peu plus haut, et de remarquer les manières diverses dont les royalistes considèrent

---

(1) Nombre des votans contre et pour le projet de loi.

aujourd'hui la session actuelle, et particulièrement la chambre des députés; car, à cet égard, il y a aussi deux opinions bien distinctes.

Ceux qui ont attaché aux dernières élections une importance exclusive, persuadés que le sort de la France en dépendoit *uniquement,* et par suite celui de l'Europe; ceux auxquels les nominations royalistes ont causé des transports de joie inouïs qui durent peut-être encore, et qui ont cru, en revoyant les députés de 1815, voir se reformer la chambre qu'ils composoient à cette époque, forte et puissante comme alors, et comme alors, riche d'espérances, ardente de zèle et d'enthousiasme, et si j'ose ainsi parler, toute empreinte de piété et de royalisme; ceux-là ont dû beaucoup attendre de la session qui commence. Ils ont dû en espérer le développement et l'accomplissement des institutions monarchiques que la chambre de 1815, qui leur sembloit renaître, n'avoit eu que le temps de promettre à la France. Ils ont dû croire enfin que les mauvaises lois seroient abrogées et les lois défectueuses corrigées; que les fautes commises seroient avouées et surtout réparées, que les systèmes reconnus dangereux seroient abandonnés, et les hommes reconnus perfides ou ineptes, écartés pour jamais, en un mot que l'ère des conversions politiques et des prodiges législatifs alloit commencer avec l'année 1821. Or, comme, dans une assemblée délibérante, les prodiges mêmes ne s'accomplissent qu'à la majorité des voix, ces royalistes n'ont pas vu sans effroi, dès les premières séances, une sorte de division s'établir dans ce côté droit dont ils attendoient tant et de si belles choses, et le discours qui a été l'occasion de cette désunion leur a paru une calamité publique dont on ne pouvoit trop s'affliger.

Voilà je crois la cause véritable de l'un des deux jugemens portés sur le discours de M. le général Donnadieu.

Mais il est d'autres royalistes qui, sans doute, se sont réjouis aussi du résultat des élections, parce qu'ils y ont vu d'abord une proclamation manifeste et irrécusable de la véritable opinion de la France, ensuite une éclatante réparation faite par tout un peuple à des hommes recommandables que depuis cinq ans une faction calomnioit au nom de ce peuple, qui, las de ne pouvoir la désavouer que tout bas, s'est jeté avec un noble empressement sur la première occasion offerte de la démentir tout haut, enfin comme une monarchique députation digne de porter le premier hommage du royaume très-chrétien au dernier né de la race de saint Louis.

Mais appréciant les choses après avoir apprécié les hommes, ces mêmes royalistes ont considéré l'intervalle prodigieux, moralement parlant, qui sépare le moment actuel de l'année 1815; la différence des situations générales et des positions individuelles; tant d'occasions heureuses manquées sans retour, tant de moyens de salut offerts et dédaignés; l'accroissement effrayant de la démoralisation politique; les effets presque irrémédiables de l'impunité envers les uns, de l'injustice envers les autres; les douces illusions que le temps a détruites et les amères vérités qu'il a laissées à leur place ; le dégoût, le découragement qui ont succédé au zèle de l'enthousiasme, la crainte à l'espoir, l'incertitude à la confiance; enfin, en politique comme en religion, partout l'indifférence et le doute à la place de l'amour et de la foi. Ces royalistes, je le répète, n'ont donc pas cru revoir les mêmes choses en revoyant les mêmes hommes. La chambre des députés leur a paru une liste de noms honorables que la France présentera toujours avec un juste orgueil à l'Europe monarchique, plutôt qu'une assemblée où le sort de la société françoise et européenne sera décidé; et tandis que les royalistes, qui, de crainte de lever les yeux en haut, cherchent le salut du monde où il n'est pas, regardoient les nominations électorales comme une preuve de l'excellence de la nouvelle loi d'élections, les royalistes, auxquels la lumière ne fait pas peur, n'y voyoient qu'un miracle de plus de l'enfant des miracles; et quand ceux-là, rêvant encore la chambre *introuvable*, pensoient la revoir et la nommoient la chambre *retrouvée*, ceux-ci, avec plus de justesse peut-être, auroient pu la nommer la chambre DIEUDONNÉ.

Or, ces derniers, moins riches d'espérances humaines, doivent être, par conséquent, moins exigeans d'une part, et de l'autre, moins faciles à alarmer. Peu versés dans les secrets des assemblées délibérantes, dans l'art d'en balancer les masses et d'en régler les mouvemens, ils ont peine à concevoir que la vérité puisse être intempestive, et leur amour pour elle est si vif et si impatient, qu'ils ne comprendront jamais qu'il faille la cacher jusqu'au mois de mai ou de juin quand on peut la montrer au mois de janvier. Ces royalistes-là n'ont donc vu dans le discours de M. le général Donnadieu que le discours même, et nullement le chagrin et l'impatience qu'il devoit causer à messieurs tels et tels, la majorité qu'il pouvoit écorner, l'heureux calme, fruit de l'union et de l'oubli, qui, un moment, en seroit troublé. Ils y ont vu un grand et éloquent avertissement, qui, peut-être, sera perdu comme tant d'autres, mais qu'il est toujours honorable de donner et utile de recueillir, pour l'avenir si ce n'est pour le présent. Ils y ont vu, chose rare depuis long-temps! de la politique franche, loyale, désintéressée, exprimée avec une énergie qui n'est plus permise qu'à la tribune. Et pour le dire en passant, c'est peut-être parce que, depuis un an, cette espèce d'éloquence ne peut trouver place ailleurs, qu'elle a étonné des oreilles que ce long silence, à peine troublé par nos murmures censurés, a] rendues délicates et sensibles au moindre bruit.

J'espère avoir expliqué ainsi pourquoi deux opinions royalistes ont été manifestées au sujet de ce discours.

Mais on a dit aussi qu'il avoit fait perdre à l'orateur son influence à la chambre et son ascendant sur ses collègues. A vrai dire, je crois qu'à cet égard M. le général Donnadieu a peu d'ambition, et que le plaisir d'obéir à sa conscience lui paroît préférable à l'honneur de commander à l'opinion de ses collègues. Sans doute, il est très-flatteur de se voir à la tête d'une portion nombreuse d'une illustre assemblée ; mais c'est aussi une bien terrible responsabilité. Tant que vous la conduisez, on vous demande compte de tout ce qu'elle fait et de ce que vous faites *par* elle, et si vous en quittez la direction, sans que vous fassiez rien *pour* elle, on vous demande raison de ce que vous allez faire *sans* elle. Je sais bien que cela conduit d'ordinaire au ministère. Mais il me semble que c'est l'acheter bien cher, et je doute que M. le général Donnadieu en voulût à ce prix.

Cependant, ceux-mêmes qui blâment le véridique orateur ont cru pouvoir l'excuser en attribuant à un mécontentement personnel l'âpreté sévère de sa harangue. Je pense en cela bien différemment, et tout légitime que soit ce mécontentement, s'il avoit inspiré une seule pensée ou fourni une seule expression à M. le général Donnadieu, c'est alors que j'oserois me mettre au rang de ses censeurs les plus impitoyables. Mais je ne lui fais pas cette injure, que du reste il a su et dû repousser d'avance, parce que dans ce siècle *d'interprétations*, il faut qu'un homme d'honneur, quand il ouvre la bouche, prévoie qu'il n'échappera pas à une seule calomnie : et *les arrière-pensées* sont un moyen merveilleux. C'est donc avec autant de prévoyance que de vérité que l'orateur a dit : « Gardez-vous, messieurs, » lorsque ces expressions sortent de ma bouche, de por- » ter vos pensées vers moi, d'imaginer que, dans cet

» exposé, il puisse y avoir quelque chose de person-
» nel. Rendez-moi, je vous prie, assez de justice pour
» croire que les intérêts du général n'ont ici aucun
» rapport avec les opinions du député. J'ai soutenu,
» défendu, comme je le devois, l'honneur du général;
» je soutiendrai, je défendrai ici la dignité, les de-
» voirs d'un loyal député. »

Je me suis étendu sur ce discours, parce que c'est
l'événement le plus important qui ait occupé les es-
prits depuis un mois, et que son effet, qui déjà dimi-
nue à Paris où tout s'efface vite, est encore dans toute
sa force dans les provinces éloignées. *Le Défenseur*
remettra donc au numéro prochain la politique étrangère. Aussi-bien, il auroit eu peu de choses à en dire, à
moins qu'il n'eût voulu répéter la phrase d'usage
dans tous les journaux depuis qu'il y a des congrès,
c'est-à-dire : « Tous les ministres des grandes puis-
» sances se sont assemblés tel jour. On *suppose* que
» cette conférence est d'une haute importance: MAIS
» RIEN NE TRANSPIRE. »

FIN.

* 9 7 8 2 0 1 4 0 4 2 2 5 2 *